아내의 계절

청어詩人選 507

아내의 계절

예향 이종명 두 번째 시집

청어

아내의 계절

이종명 지음

발행처   도서출판 청어

발행인   이영철
영업   이동호
홍보   천성래
기획   육재섭
편집   이설빈
디자인   이수빈 | 구유림
제작이사 공병한
인쇄   두리터

등록   1999년 5월 3일
            (제321-3210000251001999000063호)

1판 1쇄 발행 2025년 9월 30일

주소   서울특별시 서초구 남부순환로 364길 8—15 동일빌딩 2층
대표전화 02-586-0477
팩시밀리 0303-0942-0478
홈페이지 www.chungeobook.com
E-mail   ppi20@hanmail.net

ISBN   979-11-6855-385-9(03810)

당신과 걸어온 날들은 모두 시가 되었습니다

사뿐사뿐 오는 봄, 당신을 만났습니다. 연보랏빛 라일락꽃이 은은하게 흩날리던 봄 하늘 아래서, 두 손 꼬옥 잡고 처음 걸었던 길에서 당신의 계절이 되고 싶다는 마음을 품었습니다. 그 후로 우리는 서로의 사계절이 되어 평생을 살아왔습니다. 사랑은 여름처럼 따뜻했고, 가을처럼 깊어졌으며, 겨울처럼 조용히 마음에 내려앉았습니다.

40년 교직생활 동안, 아이들의 이름을 부르며 꿈을 함께 그려왔고, 매일 매일의 일상 속에서 교육은 우리들 삶의 중심이었습니다. 그 긴 여정의 터전은 인도하시는 하나님이시요, 든든한 가족이었으며, 그 중심에는 늘 사랑하는 아내가 있었습니다.

아이들과 나누던 웃음과 눈물, 소소한 이야기들, 교육 뜰에서 함께 꿈꾸고 꿈심어 꿈자라, 꿈키워 꿈피어 꿈펼치는 꿈꽃꿈빛꿈별을 노래하는 교육자의 길을 걸어왔습니다. 아내와 마음과 마음을 잇고 합하여 기도하며 쌓아올린 신앙의 시간들은 내게 참된 사랑과 인생의 깊이를 가르쳐 주었습니다.

당신은 내 삶의 첫 번째 교실이요, 교육동역자요, 안식처요, 신앙의 반려자입니다. 봄에는 첫걸음 하는 1학년을 맞이하고, 여름이면 푸른빛 바다에 풍덩, 가을이면 치악산의 색동옷 입는 모습에 빠져들고, 새하얀 눈꽃 날리는 겨울날은 서로의 장갑이 되었습니다. 그렇게 함께한 그 모든 시간들이 내 안에 시가 되고 사랑으로 내려앉았습니다.

두 번째 시집 『아내의 계절』은 둘이서 사계절을 걸으며, 교육과 신앙, 사랑과 가족, 인생 그리고 자연 속에 스며든 사랑의 조각들이요, 좋은 사람들과 어우러진 이야기들을 따스하게 엮어낸 삶의 시편입니다. 『아내의 계절』은 함께 살아온 40년 사랑의 고백이요, 그 고백이 시가 되었음을 알리는 작은 삶의 흔적입니다. 시 41편, 동시 14편, 시조 7편, 모두 62편이 수록되어 있습니다.

봄여름 가을과 겨울을 지나서 삶이 꽃이 되는 다섯 번째 『아내의 계절, 안온安穩』은 인생 2막 아내의 삶이 주와 동행하며, 조용하고 편안하게 살아가기를 바라는 시요, 간절한 마음의 노래입니다. 새로운 길 위에 선 아내를 위한 내 평생 기도 제목이기도 합니다.

1988년 강원특별자치도 도계의 동덕초로 첫 발령을 받은 아내, 40년간 거친 파도와 큰 물결을 헤치고 교육으로 항해하면서 이제, 2026년 교육항해의 닻을 장양항구에 내립니다. 평생을 꿈지기, 꿈전도사로 교육자로 올곧게 살아온 아내가 한없이 자랑스럽습니다.

수줍게 피어나는 봄, 푸르른 설렘 짙어지는 여름, 속삭임으로 붉게 물든 가을, 그리움 하얗게 쌓이는 겨울을 62년간 살아온 당신! 앞으로는 삶이 꽃이 되는 다섯 번째 『아내의 계절, 안온安穩』에 살면서 그대만의 인생을 마음껏 펼치기를 응원합니다. 당신의 인생 2막의 삶이 한 폭의 수채화처럼 곱고 향기롭게 펼쳐지기를 기도합니다. 주 안에 살면서 하고픈 일하며 오직 그대만의 삶으로 인생이 말갛게 물들기를 바랍니다.

두 번째 시집『아내의 계절』을 아내의 걸음걸음마다 보살피시고 인도하신 하나님께 그 모든 영광을 올려 드립니다. 40년 오직 한 길, 교육앓이로 헌신한 아내에게 이 시집을 바칩니다. 언제나 엄마, 아빠를 살뜰히 챙기는 아들과 딸에게 사랑하는 마음을 담아 전합니다. 두 어머니, 인생을 함께 걸어가는 하늘가는 사람들과도 기쁨을 나눕니다.

사랑하는 당신!

걸어온 길이 아름다웠듯 걸어갈 길도 향기롭기를, 모든 날들이 따스한 노래가 되기를, 두 손 모아.

2025년 가을

두 번째 시집을 펴내며
꿈꽃시인 예향 이종명

너와 나, 가르침으로 함께한 길

당신과 나는
평생을 열어
작은 꿈꽃들 앞에 섰습니다

따뜻한 눈빛으로
한 줌 꿈씨를 심고
큰 우주를 키웠습니다

믿는 마음 하나
희망 담은 사랑 둘
너와 나의 숨결이 스며들어
아이들 꿈빛이 파랗게 하얗게 물들었습니다

나를 내어주고
내일을 건네준 세월

그렇게
가르침으로 함께한 40년
아이들 꿈별로 반짝입니다

이제
그 모든 시간이
한 권의 시로 피어
우리들 앞에 삶의 길로 이어집니다

차례

1부 수줍게 피어나는, 봄

2부 푸르른 설렘 짙어지는, 여름

3부 속삭임으로 붉게 물든, 가을

4부 그리움 하얗게 쌓이는, 겨울

5부 삶이 꽃이 되는 아내의 계절, 안온安穩

해설_김부회(시인·문학평론가·수필가·칼럼리스트)

우습게 피어나는 봄

연둣빛

피어나는

시작

첫걸음

처음 학교 가는 날
설렘이 톡, 피어나요

가슴이 두근콩닥
꿈을 담고 용기 한 줌 더해서
신나게 학교로 달려가요

첫걸음 내딛는 오늘
너는 참으로 자랑스러워
배움의 뜨락에서 지혜안고 자라나세요

틀려도 괜찮아
실수해도 괜찮아
너무 부끄러워하지 마

친구들이 웃음으로 응원하고
선생님이 가르쳐 주실 테니까

한 걸음씩 내디딜 때마다
키도 마음도 꿈도 쑥쑥
내 안의 빛나는 미래가 자라나요

우리는 1학년

개구쟁이 1학년
여자 하나 남자 다섯

어리둥절
이곳 기웃, 저곳 빠끔
손끝으로 교실을 만지다가

어느새 학교를 주름잡아

왁자지껄
뛰고, 날고
봄을 깨워 목련꽃 피우고

잠자는 병아리
놀라 울게 하더니

"교장실로 보낸다."
선생님 말씀에도 아랑곳없이
마음대로, 멋대로 하루하루가 신나는

선생님, 늙는다
주름 하나 새치 하나 살짝 피워내는

귀여운 말썽쟁이 우리는 1학년

꿈길을 걸어요

아이들 웃음 어우러진
미로美路의 교육 뜰 안에
한 송이 꿈꽃이 피었다

발걸음 닿는 자리마다
동화 속처럼 꿈길이 열리고

햇살도 모르게
새싹 하나 살포시 숨을 쉬었다
너의 자람이 초록빛으로 툭, 툭 튀어 오르지

시간이 미끄러져
웃음만 남은 어느 오후
너의 그림자가 놀이터를 그렸다

종이 한 장 위에
말로 못 한 생각들이 꽃잎처럼 내려앉고
너의 눈동자가 시를 썼다

너는 지금
가슴 한가득 꿈을 안고
하늘을 향해 오르는 꿈풍선이야

꿈을 색칠하는 아이들

초록빛 5월의 햇살이
창가에 스르르 내려앉으면

작은 입술들이
꽃잎처럼 피어나
꿈의 시간표를 엮어요

한 줄 꿈을 쓰는 국어시간
한 장 꿈을 그리는 미술시간
한 음 꿈을 노래하는 음악시간

꿈에 날개를 달아주는
선생님 손짓 눈짓 따라
아이들 마알간 꿈이 춤을 추어요

날아가는 새들도
잠시 날갯짓을 멈추고
아이들 웃음소리에 미소를 머금는

5월의 푸른 교실엔
꿈을 색칠하는 아이들의 하루가
한 폭 수채화처럼 곱게 펼쳐져요

어린이날에

5월의
초록빛 아침을 여는
햇살처럼 빛나는 꿈꽃들아

봄바람 한 줌
구름 조각 한 줌
살짝 쥐고 웃음으로 삼키며

노란 꿈 하나
파란 미소 하나
살며시 가슴에 담아

한 발짝 뛰면 구름이 따라오고
두 발짝 뛰면 꿈길도 열리는구나

서로서로 손잡고 곱게 자라
세상이라는 커다란 숲을 함께 가꾸어 가자

빨주노초파남보 무지개 꿈꾸는
그저 바라만 보아도 어여쁜 아이들아

꿈 펼쳐라

몽글몽글 꿈꾸고
빨주노초 오색 꿈심어
쏘옥 쏘옥 꿈자라

쭈욱쭈욱 꿈키워
포로롱포로롱 꿈피워
화알짝 꿈 펼쳐라

봄비

소롯이
울음보 툭 터져
사르륵 사르륵

초록 물감 흩뿌려
연둣빛 새싹 쏙쏙쏙

물 머금은
봉긋봉긋한 꽃망울
연분홍 기지개로 톡톡톡

온 세상
풀빛으로 물들여
영혼을 깨우는
봄비의 향연

봄비에
촉촉이 젖은
내 마음 물댄 동산이어라

첫사랑의 향그럼 피어나는 봄

또다시 봄

연지곤지 꽃단장
색동옷 저고리
스무 살 새색시

쪽빛 물감
곱디곱게 수놓아
초록 세상 재촉하고

몽울몽울
터질 듯 꽃봉오리
뽀하얀 속살 내보인다

봄 젖은
온 산천 아롱다롱
꽃물결 일렁일렁

그대
손길 닿은 곳마다
설렘 가득

늘 쉼 주는 내 둥지
수줍은 아내와 손잡고
사뿐사뿐 내게로 오는 봄

소꿉동무

진달래 붉게 물든 뒷동산 언덕
꽃비 쏟아지던 봄 하늘 아래서
너와 나는 그림자마저 웃으며
시간이 멈춘 듯 둘이서 뛰놀았지

진달래 꽃밭을 종종걸음 달리다
너의 검은 고무신이 꽃잎에 미끄러져
아픈 것도 모르고 깔깔 웃던 그 순간
봄바람도 따라 웃으며 곁을 스쳐갔지

올해도 고운 빛깔로 봄은 물들고
너의 모습 문득 꽃바람에 실려 오면
그리운 소꿉동무 목 놓아 불러본다

잊지 않으리
너와 나의 시간들
다시 못 올 철없던 그 시절
나는 가만히 너를 가슴에 묻는다

봄이 오는 치악산

고요히 잠든 산줄기
햇살이 촉촉이 스며들어
흙 속에 숨죽였던 새싹들
조심스레 손끝을 톡톡 펼친다

기나긴 겨울을 견디며
나도 저들처럼 웅크렸구나
속울음 삼키던 가지가지마다
연초록 희망이 쏙쏙 돋아난다

바람은 꽃향기를 품어 날리고
능선마다 노란 숨결이 번지면
진달래는 붉은 맥박으로 피어나고
산새들의 노랫소리 잠든 세상 깨운다

천년을 굽이친 계곡물
봄빛에 설레어 맑게 흐르고
소나무는 연둣빛 꿈을 틔우며
하늘을 향해 가슴을 활짝 편다

겨울이 벗어놓은 희뿌연 외투를
산바람이 부드럽게 거두어 가면
봄이 오는 치악산의 깊은 품속에서

내 안의 초록 심장도 다시 힘차게 뛴다

놀멍 쉬멍 꿈꿀멍

5월 하늘길 따라
곱들락 마음 제주 품에

놀멍 쉬멍 꿈꿀멍

아곱다
꼬닥꼬닥 한라산 걸으멍 숨 쉬는 천지연폭포
가슴 적시는 중문바다 생각대로 거문오름
마음 붉게 물들이는 협재 해변 저녁노을

은빛가루 뿌려진 우도 밤하늘
동트는 웃음 머금은 촛대바위 일출
세상 연연 내려놓고 비우는 길로 달린다

말 타고 절경 안고 걷고 날으며
오롯이 나를 마주한 숨길 트이는
웃고 쉬는 영혼에 초록빛 색을 입힌다

내가 꿈꾼 건 나를 쉬게 한 건
하늘과 바다가 사랑한 제주 탓

또 옵서 재기 옵서 또 가고 시펴

꽃 마중

마음속 간지럽히는 봄바람에
아내 손잡고 꽃 마중 나섭니다

봄빛 안고 활짝 핀 꽃들
꽃과 꽃이 어우러진 꽃동네
봄꽃들의 속살거림 꽃천지

아내와 앙증맞은 꽃구경
발길 닿는 곳곳마다 붉디붉은 봄꽃
꽃길 따라서 도란도란 이야기 정겹습니다

붉은 꽃입술에 홀리고
황홀함에 몽연해지고
처연함에 마음 스러져 봄꽃앓이

아내 마음에 샛노란 꽃피고
내안으로 꽃이 시로 들어오는
봄이 넘실넘실 춤추는 흥겨운 꽃 마중

저만치 앞서가 꽃으로 서있는 아내
설레는 마음안고 님 마중 꽃 마중합니다

꽃불

온 산천 노랏노랏 꽃망울 터트리어
황금빛 노란 물결 넘실넘실 파도친다
봄 색시 샛노란 꽃불 산수유꽃 수줍게

봄 품을 헤쳐 나와 꽃봉오리 화알짝
진달래 제 몸 살라 붉은빛 꽃불 놓아
연분홍 산불이 활활 이내 마음 태운다

만산을 물들이는 화사한 꽃빛물결
진달래 산수유꽃 내 심장 꽃불질러
마음 켠 봄에 취하다 어쩔거나 내 속불

2부

푸르른 설렘
짙어가는, 여름

간지러운

감정의

속삭임

짝꿍

웃음소리 가득한 등굣길

채희랑 태현이랑
늘 함께 학교 오는 짝꿍

하하 하하, 깔깔 깔깔

오늘도 사이좋게 같이 오네
아니에요, 오다가 만났어요
재랑 나랑 남친 여친 따로 있어요

고무줄 끊고
머리카락 잡아당기며
놀리고 울리고 토라지게 하던
서툰 장난 속에 숨겼던 속마음

그 시절의 나도 저 아이들처럼
서로를 비밀스럽게 마음에 새기며
언젠가 문득 떠오를 추억을 쌓아가고 있었겠지

50년 전, 초등학교 짝꿍이 생각나는 아침

학교 오기 싫어요

혜종아
학교 오기 싫다면서

일어나기도 싫고
공부하기도 힘들고
정말로 학교 오기 싫어요

그럼 집에 가야지

왜 그러세요
그래도 학교는 와야지요
잘 아시면서

허허허 그 녀석
교장을 가르치네

엄마는 지각생

오늘도
늦게 학교 오는
말괄량이 세 자매

빨리 걸어라 큰언니는 고래고래
둘째는 너 때문에 늦었다고 투덜투덜
성격 좋은 막내는 그냥 싱글벙글

바쁜 엄마는 안절부절

아이들은 웃는 등굣길
엄마는 울상 지각 출근길

요 녀석들
훗날 엄마가 되어 보아야
그 마음 알겠지

지금처럼
사이좋게 보듬으며 자라라

살구 한 알

여름 닮아 파랗구나
가을 닮아 노랗구나

나를 닮아
툭 떨어졌구나

입안에 시큼 달큼
인생의 맛

살구 한 알에
고향이 익어 있었다

그 여름의 시냇가

금빛 조각 햇살이 반짝반짝
시냇물 위를 살랑살랑 춤추면
아이들도 덩달아 물속으로 첨벙첨벙

개구리처럼 두 팔을 쭉쭉
물속엔 은빛 은어 싱긋싱긋
물장구치고 헤엄치고 하루가 짧아

손바닥엔 조약돌 하나
슝슝슝 물수제비 일곱 번
웃음소리 물결 타고 여름이 두둥실

버드나무 그늘아래 사르르 감긴 두 눈 위로
잠자리가 살짝 내려앉아 두 볼을 간질간질

흘러간 시냇물처럼 아득한 그 시절
손닿을 듯 아스라이 떠오르는 추억
시간을 거슬러 흐르는 그 여름의 시냇가

지금도 눈 감으면 그 여름 속으로 풍덩

여름을 삼킨 아이들

—교육장배 육상대회(2025년 6월) 우승 축하 시

6월의 한낮 운동장에
햇살이 못처럼 박히고
아이들 발끝에서 도전의 불꽃이 피어납니다

한 걸음 또 한 걸음
땀은 눈썹을 건너고
심장은 북처럼 울립니다

아이들은 열꽃을 피우고
여름을 한 모금씩 들이키며
바람을 밀어내듯 결승선을 향해 내달립니다

여름은 팔을 뻗어
뜨거운 날을 내밉니다
아이들은 그 날을 베어 물고 달리며
그림자보다 빠른 선생님의 쩌렁쩌렁한 목소리가
더위에 지친 운동장을 깜짝 깨웁니다

뙤약볕 속에서
자신을 꺼내 보여준 아이들
누군가는 메달을 목에 걸고

누군가는 숨겨둔 꿈을 꾹 삼켰습니다

한 사람의 바람이
열일곱 아이들 숨결이 되어
그 무릎 위에 우승 꽃을 활짝 피웠습니다

너와 나를 잇다
아이들 마음속에
청보릿빛 6월이 노랗게 익어갑니다

미로美路의 교육 뜰

헤헤 히히, 조잘조잘

배움의 향기로 가득한 뜰
달래주고 웃어주며 보듬어
눈 맞추는 가르침 한 접시

때론 다투고 또 화해하며
서로의 손길로 꿈을 심는다

저마다 다른 빛깔의 소망
햇살 속에 옹기종기 피어나고

바람결 따라 속삭이는
아이들의 고운 꿈

작은 새싹 되어
미로美路의 교육 뜰에서
숲이 되어 자라납니다

시 업고 튀어
―2024 전국 박건호 기념백일장(6월) 시상식 축시

꿈꾸고 꿈심어 꿈자라
꿈키워 마음껏 펼쳐라

내 한 몸 불살라
따스하게 지피는
모닥불 닮아라

시 안에 머물러
아이다운 시선으로
노래하는 맛있는 시인이 되어라

꿈은 소나무처럼 푸르게
욕심은 모닥불같이 태우고
시 업고 튀어 곧게 지혜롭게 커가라

시 바다로 풍덩, 내 안 발가벗겨 드러낸
가만히 있기만 해도 초록빛 향기 풍기는
참 달콤한 시인들, 여름 닮은 아해들이여

안온安穩으로 옷입히소서
―첫 시집 출간(2024. 7. 25)에 부쳐

61년 쉼 없이 달려온
교육 사랑 가족 인생 신앙을 버무려
색칠한 첫 시집을 빚었습니다

아이들 꿈키우는 꿈지기로
아내와 둘이서 사랑을 노래하며
소가 된 아버지의 아픈 사계四季에 울고
삶의 뜨락 다가온 고운인연 어우러져
기도로 종노릇하는 인생, 시로 버무렸습니다

내 삶속으로 걸어와
함박웃음 웃게 하는 당신께
가슴에 묻혀있는 인생의 실타래를 펼칩니다

님이시여!
인생 이야기 담긴 77편의 시와 시조 동시
부끄러이 발가벗기니 안온安穩으로 옷입히소서
당신은 내 인생의 함박꽃 향기나는 시입니다

눈물겹습니다
—첫 시집 출판기념회(2024. 8. 24) 인사말

부족하고
부끄러운
작고 조그마한 첫 시집

과하도록
넘치도록
버선발로 달려오시어

보듬고 따스하게
손 내밀어 준 당신

마음 쓱쓱 문질러
시 안에 뛰어노는

나를 바라보는 눈빛
그대 화안한 미소

가슴 한켠이
사르르 녹아내립니다

한걸음 더 다가온
그대와의 고운인연 눈물겹습니다

소풍 길
―촌사랑, 원주 환갑여행(2024년 8월) 후

앞서거니 뒤서거니
뙤약볕 지글지글 내리쬐는 한여름
마음 하나 메고서 소풍 길 갑니다

눈 흘기며 질투하는 여름
땀 뻘뻘 벌 윙윙 모기 앵앵
다독이고 달래주며 한 발짝 한 발짝

여름 따라나선 소풍 길
눈꽃송이처럼 피어난 순백의 수국
나뭇잎 사이로 들어오는 눈부신 햇살

슬픈 이야기 함께 울고
흥겨운 이야기 함께 웃는
흐르는 시간을 붙잡아 놓고 싶어
서로에게 닿은 싱그러운 우리들의 이야기

네가 있어 참 좋다
초록빛 수채화로 곱게 수놓아진
한편의 여름동화 울타리가 된 소풍 길

오늘이 그립다

촌사랑

들꽃이 살랑이던 외갓집 깃든 추억
바람결에 실리던 웃음소리 들리는 듯
손잡고 뛰어놀면서 꿈 키운 어린 시절

지금도 이어지는 발자국의 선율 따라
여섯이 걷는 동행 쌓이는 따스한 정
사촌간 삶의 이야기 영화처럼 음악처럼

세월가도 변치 않는 끈끈한 사촌가족
하나로 닮은 마음 보듬는 닮은 사랑
말없이 곁이 되어 준 살맛나는 인생길

라오스의 늘 푸른 여름하늘 아래서

—솔향회, 라오스 여행(2025년 1월) 후

춘향과 몽룡의 그림자가 드리우는 밤
우리들의 이야기가 다시 시작되었다
라오스의 심장 비엔티안 달빛아래
짝지 부부 8명과 떠난 인생 여행
루앙프라방과 방비엥을 잇는 시간의 길 위에서
사랑은 첫날처럼 새롭게 피어났다

왓 씨 므앙의 종소리는
마음에 남은 주름진 시간을 펴고
코프센터의 고요 속에서 맞잡은 손은
과거의 아픔을 강물처럼 흘려보냈다
쏭강을 따라 흐르는 푸르른 물빛
풍등 위로 떠오르는 애틋한 소망
꽝시폭포의 에메랄드 물안개 속에서
서로의 숨결은 푸시산의 하늘에 닿았다

마흔 해를 타오르던 불길
익숙함에 묻혀 잠시 잊혔던 열정
라오스 뜨거운 바람 속에서
우리는 재로부터 일어난 불꽃이 되었다
그 불꽃은 더욱 단단해지고 넓어져

하늘마저 품을 듯 거대한 사랑으로 타올랐다

솔향처럼 은은한 3박 5일의 동행
라오스의 낯선 풍경은 증인이 되었다
풍등에 실은 언약은 시간을 넘어서
앞으로의 날들을 붉게 물들일 것이다

삶은 꿈꾸는 대로 펼쳐지리라 그대와 함께라면

3부

속삭임으로
붉게 물드, 가을

가슴

찡하게 쌓이는

그대 향한 그리움

가을 소풍 가는 날

비가 오면 어쩌지
바람 불면 어떻게 하지
걱정을 베개 삼아 뒤척인 밤

밥을 먹는 둥 마는 둥
가을품은 신작로 십리 길을 한 걸음에

춤추는 여린 심장
수줍은 목소리 어설픈 장기자랑

이번에는 꼭 찾아야지
숲속 어딘가 숨은 보물찾기
찾는 설렘은 친구 웃음 속에

멍하니 집으로 돌아오는 길
빈손이어도 흥겨운 노랫소리
내년이 더 기다려지는 소풍

어린마음
설렘으로 물들게 하던
먼 옛날 아련한 가을 소풍 가는 날

가을이 그리는 세상

어느 사이에
다가온 가을이
온 세상을 물감으로
덧칠하기 시작합니다

속삭이듯 불어온 바람이
가을을 이곳저곳 구경시켜
세상이 온통 무지갯빛입니다

귀뜰 귀뜰 또르륵 또르륵
찌르찌르 찌이르륵
돌츠돌츠 또로롱 또로롱

풀벌레들은 합창으로
가을 온 기쁨을 노래합니다

풍년 든 들판은 시
붉게 물든 숲은 수채화
바람길 따라 코스모스는 춤으로
가을이 주는 풍요함을 그립니다

내 마음에도
가을이 흩뿌리고 지나가
감동이 뚝뚝 떨어져
가을 흔적이 흥건하게 젖었습니다

가을에

빛고운 햇살이 머무는
오솔길에는 빨갛게 단풍이 물들어
가을이 내려앉았습니다

들꽃 향기에 취한 풀벌레 속삭임
길가의 살랑대는 코스모스 춤사위
가을을 흥겹게 마중합니다

벌레들이 노래하는 가을음악회
산과 들이 그려가는 그림전시회
별빛달빛 아래서 열리는 시화전
가을이 노랗게 노랗게 익어갑니다

어우러져 스며들어
사람과 자연이 같이 살이 하는
안온安穩의 가을은 자꾸만 깊어갑니다

가을이 그린 그림

올해도 왔습니다 색동옷 붉은 치마
윙윙윙 고추찰기* 찌르르 귀뚜라미
아해들 별에 닿은 꿈 등에 업고 가을이

가을이 그립니다 잘 익은 빠알간 산
춤추는 황금 들판 온 세상 무지갯빛
고옵게 덧칠하였습니다 꿈빛담은 수채화

*고추찰기 : 고추잠자리의 경상도 울진 지방의 방언

아내꽃

풋풋하고
청초롭구나

순백의 터질 듯 말 듯
마음속 한들한들 피는 꽃

라일락꽃보다
더 짙고 은은한 향기

시간을 담고
세월을 곰삭여
가슴으로만 피우는 꽃

아내꽃을 알고부터는
다른 꽃 이름은 모두 잊어버렸네

발그레 미소 머금고
땀 눈물 침묵 버무려
그윽이 아내꽃 피다

마음이 동動하다
내 사랑이라는 꽃

국화전菊花展

아롱다롱 형형색색
고혹한 국화향기

계절의 마디 넘고
아빠약손 타고 넘어

고운 옷 가을입고서
마실 나온 국화야

내 모습 그대로

뜻을 정하여
마음속 자라나는
교만의 잡초를 뽑고 또 뽑아

나만 옳다는 늪에서 벗어나고
당연하다는 착각의 링에서 내려와

욕심과 욕망의 사슬을 끊고
내 영혼, 오롯이 서게 하소서

절망 속에서도 소망을 보고
죽음조차 유익이라 여기며
오직, 구별된 길만 걷게 하소서

베풀고 헌신하며
스스로 낮추고, 돌아보며

살아 숨 쉬는 동안
죽는 그날까지도

내 모습 그대로
부끄럼 없는 삶, 살겠습니다

그대 오시는 날에

꽃잎 바람에 포르르
흩날리는 꽃길 따라서
그대 내게로 오시는 날

예쁜 꽃물 들여
님 마중 꽃단장하고

쪽빛 애틋한
그리움 곱게 빚어서

볼 빨간 사춘기 소녀의 마음
버선발로 살포시 그대 맞으리

한올한올 내 맘
당신으로 옷입혀 놓은 사람아

오시는 더딘 걸음걸음
꽃잎의 작은 신음에도 그대런가

가슴속 채워둔 빗장 열어
참고 참았던 그리움 둑 툭툭툭

하염없이 기다리는 마음
오롯이 당신으로 채웁니다

백일에
―딸의 백일 기념 축하 시

낳으시고 기르시고
언제나 아들딸 위하여
가슴 여미시는 한 분뿐인 엄마

예쁜 딸 낳으려고 무한히
기도하였다는 아빠

밤잠 설쳐가며 키우시느라
주름살 늘어가는 할아버지와 할머니

그리고 날 보고파 그리워하던
사랑하는 나의 오빠야,

백일에
오직 감사하고픈 이 백일에
작디작은 두 손 모아
살포시 고개 숙입니다

예쁜 딸 효성스런 손녀
귀여운 동생으로 자라나
이 세상의 빛과 소금과 같은
존재가 되게 해딜라고

어머니 생각

별빛도 시린
섣달그믐 더딘 밤

고향집
홀로 외로이

잠은 오지 않고
온몸 쑤시고 아파
졸고 있는 달을 깨워

두 다리 끌고
네 다리로 기어서

하얀 달빛 스며드는 작은 방
낡은 성경책 찬송가 한 권
헐떡이는 숨을 달래가며

엄마 홀로 두었다고 마음 다칠까
엄마 걱정에 가슴 아파하지는 않을까
자식들 이름 부르며 기도로 눈물 얼룩져

가슴에 멍울진 그리움 안은 채
등에 자식 업고 평생 살아가는

어머니,
죄스러운 마음으로
당신을 불러봅니다

나보다 더 나를 사랑하는 어머니

그래도 괜찮아요

당신의 발길이
오늘도 머물지 않아도
그 자리에 묵묵히 놓여 있습니다

힘들다
피곤하다
바쁘다
그 말 뒤에 숨은 채
구석에 조용히 밀려납니다

깨끗할 땐
햇살처럼 퍼져
당신의 자랑이었는데

이젠
다가가면 더 멀어지는 당신
나는 말없이 접혀지기만 하네요

그래도 괜찮아요
세례받고 젖은 몸
햇살에 널리고 싶어요

초라한 모습 그대로
살짝 눈에 띄게 널브러져
혹시, 다시 나를 찾아주지는 않을까

내일도
그래도 좋다는 마음으로
당신을 기다립니다

4부

그리움
하얗게 쌓이는, 그리움

첫눈 위에
아로새긴
늘 사랑

$+-\times\div$

선생님 따뜻한 눈빛
꿈 하나 살포시 더해지고
속상한 마음 둘은 말끔히 덜어지고

아이들 가슴속에
사뿐히 심어지는 꿈 꽃씨 하나 둘

선생님 말 한마디
다른 생각 곱해지고
빛과 빛이 어우러져
꿈은 어느새 자라납니다

선생님 다독이는 손길
근심 걱정은 나누어 작아지고
꿈의 날개를 활짝 펼칩니다

$+-\times\div$
선생님 흘린 땀방울
아이들, 더 큰 꿈으로 날아오릅니다

두근콩닥

처음 마음이 너에게 닿았을 때
바람보다 빨리 내 심장이 달렸어
두근콩닥 두근콩닥

아무렇지도 않은 얼굴로
너는 나를 바라보았지만
나는 그 순간 계절이 바뀌는 소리를 들었지

매일 마주하는 너도
오늘은 너무 달라 보여
안녕이라 부른 그 순간
네가 내 가슴 안으로 들어왔거든

너의 그 말 한마디에
잠들지 않은 마음이
밤새 불을 켜고 있었어

별보다 먼저 눈뜨는 아침
내 심장 속 작은 북소리는
아직도 너를 향해 쉼 없이 울려

콩닥두근 콩닥두근

졸업

엄마손 꼬옥 잡고 아빠 등에 업혀서
학교 교문 들어온 지 엊그제 같기만 해
오늘이 졸업이라니 헤어짐이 아프다

선생님 보듬어준 가르침 스며 안고
부모님 키워주신 넓은 사랑 깊이 새겨
고운 꿈 가슴에 담아 더 큰 세상 향하여

겨울 하늘 아래서

새하얀 눈꽃 흩날리는
겨울 하늘 아래서

가슴은 봄꽃처럼 피고
숨결은 설렘으로 번져와
처음 너를 마주한 순간

네 향기가
가슴 깊이 머물러
숨길 수도, 지울 수도 없네

보고 있어도
바라볼 수 없는 너,
소리 없이 맘속으로 스며와
세상은 붉게 물들었네

보이지 않는 곳에서
머나먼 곳에 있어도
내 마음 그대에게 닿기를

사랑하기에
평생 나를 내려놓습니다

지우개

지우개로
교육을 지우고 싶다
40년 꿈지기로 살아오며
아이들 꿈 키운다고 외치다
꿈 상처 나게 하지는 않았는지
교육 다 내려놓고

지우개로
인생을 지우고 싶다
슬픔과 수고뿐인 인생
천년을 살듯 백년도 살지 못하는
남위에 서려고 아등바등 전쟁처럼 살아온
인생 다 내려놓고

지우개로
나를 지우고 싶다
오만과 아집으로 가득 차
앞만 바라보고 나만을 위해 산
가족 살피지 못하여 눈물 흘리게 한
나를 다 내려놓고

쓱쓱 싹싹 지우개로 다 지우고 싶습니다

두물머리 겨울 강가에서

봄이 오는 들길 따라
하루를 잠시 잡아놓고
세월 저편의 인생을 만나러 떠난다

아내와 셋이서
스무 살의 마음으로 물들어
설렘 속에 두둥실 몸을 싣고

아침 햇살이 주름진 얼굴을 어루만지면
봄바람이 간지럽히는 옛 기억 속에서
문득, 청춘이 손짓하는 듯

고단했던 날들은
먼 산처럼 멀리 서 있고
아내와 누님이 곁에 있어
순간마다 내 영혼을
저절로 춤추게 한다

눈꽃이 수북한 강가에 앉아
지난날의 웃음과 눈물을 나누고
손끝에 스미는 잔잔한 물결을 느끼며

살아온 인생을 토닥이듯 도란두란
등으로 인생을 나누고
가슴으로 서로를 안으니 사랑이어라

겨울 강에 스민 우리들의 이야기는
두물머리 바람결에 오래오래 머물리라

인생과 사랑을 노래하다
—제1회 박건호 음악회(2024년 11월) 관람 후

첫눈 하얗게 내린
치악산 자락 자락마다
검붉은 어둠이 짙게 내리고

추위를 베고 누운 겨울 밤
세월에 잠긴 인생과 사랑을 노래하는
기쁨 한 수 눈물 두 방울 토우음악회

마알간 청춘
스무 살 나 찾아 노래로 여행합니다

곰살맞다
시선이 닿는 곳마다 열한 명 가수들
시간을 아우르는 아련한 인생 한가락

훅 들어와 촉촉이 물들어
그 옛날로 풍덩 빠져 버린

색 바랜 마음에 덩그러니 매달려

목 놓아 불러보아도
돌아갈 수 없는 그 시절
노래 속에서 한없이 달려갑니다

내리사랑의 끝에서

열 달 품어
아프게 낳은
세상에서 가장 어여쁜 내 아이야

비 맞을까 바람 닿을까
손끝으로 고이고이 감싸고
가슴으로 덮어가며 너를 키웠지

너의 웃음이 내 하루였고
너의 꿈이 내 전부였으며
너를 품은 세상도 다 내 것이었다

이제 나이 먹어 눈은 흐려지고 귀도 멀고
다리는 저 멀리 네 곁을 가지 못하는구나

그래도 내 마음은 너를 향하고
내 기도는 늘 너에게 닿기를 바래
죽는 날, 그 마지막 숨결까지도
너를 위한 기도가 되리니

어머니의 눈물로 빚은 기도가
시내를 이루어 강이 되어 흐릅니다

주의 발아래 엎드려

저녁 어스름이 내리면
두 무릎 꿇고 마음 엎드리어
기도의 탑을 한 계단 한 계단 쌓아갑니다

두 어머니의 걸음마다
달빛이 고요히 내려앉아
세월의 돌부리가 솜털처럼 부드럽게 하소서
홀로 계신 하루가 무겁지 않도록 외로움을 어루만져 주소서

아내의 하루마다
잎새 위 이슬처럼 맑은 기쁨이 스며들어
고된 길에도 향기가 가득 머물게 하소서
즐거움 한 줌 가슴 품고 미소가 날마다 넘쳐나게 하소서

아이들의 앞길마다
살아가는 동안 순탄하게 하시어
주안에서 가는 길 희망으로 춤추게 하소서
넘어진 자리 자리마다 꿈꽃이 다시 피어나고
흔들려도 일어선 걸음마다 빛이 되게 하소서

주의 발아래 엎드려
내 안에 담은 호흡, 주께 올려드립니다
간절한 기도의 숨결이 하늘 끝까지 닿도록

이별이래

한 번 더 부르면 돌아볼까요?
보내야만 하는 시린 마음을
떠나는 그대 뒷모습이 뿌옇게 흐려집니다

같이 울고 웃던 나날들이
손끝에서 모래알처럼 흩어지는데
붙잡을 수도 없는 이별이 이렇게도 쓰린 줄 몰랐습니다

아이들의 맑은 웃음소리
책상 위 머문 가르침의 온기
들고나며 함께 가꾼 교육 뜨락
가슴에 멍울져 아스라이 남아 있는데

언젠가 우리 다시 만나
눈물에 얼굴을 묻고서
못다 한 이야기 삼키며 웃을 수 있겠지요
수채화 같은 마알간 마음 하나 나눌 수 있겠지요

이별이 차올라 가슴 깊이 스밉니다
그대, 가시는 길 향기롭게 꽃피우소서

인연의 결結

그냥 스쳐 지나가는
바람 같은 인연인 줄 알았는데
그대가 마음 깊숙이 들어옵니다

몇 마디 말없이
눈길조차도 엇갈렸지만
가만히 가슴으로 스며듭니다

선뜻 베풀고 나누는
그대 향기 내게로 흩날리어
어디에 있든지 그립기만 합니다

빛같이 흘러가는 세월
고운인연의 끈을 지그시 맞잡고
한땀 한땀 인생을 뜨개질합니다

그대,
삶의 고민과 번뇌를 고요히 씻어주는
큰 누님처럼 따스하고 포근한 그늘이여

5부

삶이 꽃이 되는
ㅅ 아내의계절 安穩

또다시

너와의

첫시작, 첫걸음

너라는 노래

네가 웃을 때마다
내 마음 깊은 곳에서
작은 노래하나 피어난다

햇살도 몰래
귀 기울이는 너의 웃음은
바람보다 먼저 나를 기다린다

당신이라는 사람
향기보다 먼저 마음에 닿는 꽃
나는 그 안에서 눈부신 오늘을 숨 쉬고 있다

사랑은 거창한 게 아니야
무심히 닿은 너의 한마디
스쳐간 손끝 하나에도
내 마음은 흔들리니까

네 이름을 부르지 않아도
가슴 한켠에서 자꾸 멜로디가 흐른다

간지러워, 끝내 다 부르지 못한 노래처럼

아내에게

나이 예순을 넘어도
할 일도 꿈도 많아

하지 못한 일
눈물 흘린 일
가슴 안고 살아가지만

가진 것 나누고
아픔 들어주고 만져주며
늘 보듬고 헤아려

걱정 근심 묻어놓고
너무 앞서지도 말고
너무 더디지도 않게
시간을 등에 업고 인생을 누려

잔주름 흰머리 늘어가도
마음과 마음 안아주고
사람과 사람 이어주는 아내

아프지 마 흔들리지 마 힘내 힘내

사랑스레

두근거리는 가슴 안고
내 안으로 걸어 들어온
꽃내음 향긋한 스무 살

가끔 부딪치고
삐치고 토라져도
언제나 내 마음 한켠에 머문 그대

덜컥
어른 살이 마흔 해를 지나

예순의 나이가 되어도
수줍고 여린 그 모습 그대로

늘 당신으로 가득 차
그대 곁을 떠나지 못하는 나는

사랑스레
그냥 좋은

더욱 계속해서 사랑하겠습니다

아내는 VVIP 고객

이 옷 입어보고
저 옷 입어보고
다른 옷 또 입어보고

시간은 흐르고
옷들도 지치고 나도 지쳐가고
패션쇼 하는 아내만 호호, 호호

옷 잘 본다는
아내의 칭찬에 속아서
오늘도 따라와서 힘든 시간 보내는

기다리는 나보다
데려가지 못하는 옷들에게 미안해하는 아내

슬쩍, 옷값 착하다는
장삿속 말에 또 다른 옷 입어보고
가져다 놓은 옷들만 수두룩

사려고 온 바지는 아랑곳없이
예쁘다는 엉뚱한 옷도 데리고 가는

알뜰살뜰 아내는 할인도 많이 받는 VVIP 고객

그림처럼 시처럼

아침 햇살 한 줄기에
아내의 캔버스가 열리고
별빛에 잠긴 내 꿈 하나가
꽃으로 그리움으로 피어납니다

붓끝 하나하나에 담긴 사랑
글자 하나하나에 깃든 희망
삶은 그림이 되고 시가 되어
아내와 내 곁에 살포시 머뭅니다

해뜨미 마음으로
가슴 적시는 하고픈 이야기
그림으로 시로 우리의 인생을
더 고운 빛으로 말갛게 물들입니다

그림처럼 시처럼
한 폭의 시화같이
펜과 붓으로 인생을 엮어가는 아내와

아내의 계절

수줍게 피어나는 봄
새벽을 여는 당신의 기도는
내 마음에 첫 움을 틔웠습니다

푸르른 설렘 짙어지는 여름
바다보다 깊은 당신의 손길은
지친 하루의 햇살을 식혀줍니다

속삭임으로 붉게 물든 가을날
노을보다 따뜻한 품속은
내 영혼의 아픔을 감싸줍니다

그리움 하얗게 쌓이는 겨울
눈송이보다 부드러운 당신의 미소는
화롯불처럼 피어나 추위를 녹여줍니다

이제야 알았습니다
봄여름도 가을 겨울도
아내의 계절에 닿기 위한 길목이었다는 것을

내 모든 날들은 당신에게 물드는
안온安穩이라는 아내의 계절에 평생 머뭅니다

당신이여서 좋아

이른 아침 눈뜨면
곁에서 빙그레 웃음 짓는
당신이 있어서 난 좋아

소소한 이야기에 귀 기울이고
곱게 스며들어 하루를 채워주는
그 사람이 당신이여서 참 힘이 나

편안한 미소로 마음 다독이며
세상을 고옵게 보는 눈이 되어주는
아내란 당신이 있어서 너무 고마워

모두가 등 돌려도 늘 곁을 지켜주고
힘들 때 두 무릎 내어주는 편안한 쉼터
큰 둥지가 되어주는 당신이여서 눈물 나

때로는 폭풍우처럼 거친 세상
든든하게 날 안아주며 기도하는
당신이 있어 난 괜찮을 것 같아

평생 둘이서 교육으로 항해하며
우리들 삶의 이야기를 써 내려가
어떤 시간도 어떤 날도 어떤 계절도
당신과 함께하여 인생길이 더 설레고 기뻐

내 사랑, 내 하루 내 삶의 이유가
내게로 온, 오직 한사람 당신이여서

62살에 하는 첫 프러포즈
―아내의 환갑날, 인생 첫 프러포즈 시

설레는 긴 떨림
처음 만난 순간

그대 향긋한 미소
바람결에 실린 마알간 꽃향기
심장은 요동치고 마음은 길을 잃었습니다

서툰 용기로 당신 마음 붙잡은 날부터
교육으로 동행의 길을 걸어왔습니다
때로는 비탈길에서 흔들리고 미끄러지며
때로는 거친 바람에 마음 젖고 지쳤지만
그대는 꼬옥 잡은 내 손을 한 번도 놓지 않았습니다

당신은 나에게 늘 바람이었습니다
더운 여름날 그늘을 적시며 불어오는
겨울밤 창가를 데우는 따스한 숨결 같은

둘이서 하루같이 살아 온 40년
봄날 꽃비가 내린 날도 있었고
겨울밤 눈보라 속을 헤맨 적도 있었지만
당신은 언제나 나의 길이요 버팀목이었습니다

뒤돌아보면,

곁에 있어야 할 때 있어주지 못하고

살펴야 할 때 보살피지 못해 눈물로 얼룩지게 했으며

서랍 속에 넣어둔 편지마냥 사랑한다, 고맙다는 말을 감추었습니다

세월은 유수같이 흘러

내 머리엔 하얀 눈꽃이 흩날리고

수줍음에 입술만 달싹이던 서툰 말은 마음에 잠겨있습니다

오늘, 환갑의 문턱에서

62살, 스무 살의 떨림으로

한없이 작아진 마음을 용기 내어 그대 앞에 섭니다

처음 당신에게 빠져버린 날처럼

그보다 더 깊고 넓은 애틋한 사랑 모아서

62살에 그토록 바라던 너무 늦은 프러포즈를 합니다

이제,

내 생애 남은 날들

그대의 손을 고이 잡고

흐르는 인생을 뜨겁게 감싸 안아
사랑한다고 말하면서 살겠습니다

당신의 모든 날이
더 따뜻하도록 더 웃음 짓도록
살아 숨 쉬는 동안 기도로 종노릇 하겠습니다

내 삶의 전부인 그대여!
주름진 손을 잡고 아직도 못다 한 사랑하면서
생의 마지막 날까지 당신 곁을 지키겠습니다
앞으로 남은 인생을 나와 함께 걸어가지 않겠습니까?

그대뿐인, 내 마음 한 번만 더 받아주세요!

환갑의 강을 건너도
―아내의 환갑 기념, 헌정 시

고운 실처럼 엮어온 세월
은빛 물결 춤추는 머리 위로
사계절의 숨결이 스며든 당신

연둣빛 새벽의 설렘도
한여름 태양의 뜨거운 외침도
황금 들판을 누비던 기쁨도
눈꽃 속 온기를 나누던 손길도
모두 당신이었습니다

환갑의 강을 건너도
여전히 아침 햇살처럼 빛나고
열여섯 여린 꽃잎 같은 눈망울로
삶의 화롯불을 지피는 함박꽃 같은 당신

인생 2막, 주의 그늘 아래서
믿음으로 함께 걸어온 날들을 꼭 안고
발그레 웃음 띤 당신과 같은 세월을 꿈꿉니다

365일 오롯이 등 밝혀
이제는 나를 가꾸는 삶의 돛을 내리고
새로운 강에 인생을 띄워 마음껏 노저어 가게 하소서

교육 하나 내려놓고 행복 둘 가져오게

연분홍빛 설레는 소식 안고 사뿐사뿐 오는 봄
교정에 앉아서 아내의 40년 교육항해를 이야기꽃으로 피웁니다

도계 동덕초에서 시작하여 원주 장양까지 기나긴 여정
신앙 사랑 가족 인생 교육을 엮어 쉼 없이 달려온 아내
영혼으로 아이들의 꿈을 키우고 가슴으로 안았으니 사랑이었습니다

신앙은 앞길을 인도하는 큰 등불이었습니다
어둠 속에서 길을 잃지 않도록 빛이 되고
넘어질 때마다 다시 일어나도록 손잡아 주신
주의 사랑이 아내를 오늘 여기까지 오게 하였습니다

사랑은 삶의 가장 든든한 울타리였습니다
두 손을 내밀어 더 깊이 깎고 더 따뜻이 서로 채우며
올곧은 교육을 위하여 자신을 기꺼이 내어놓고 살아온 아내
헌신으로 아이들의 울타리가 되고 사랑으로 말없이 가르쳤습니다

가족이란 한 그루 나무였습니다
바람 불면 같이 흔들리고 비가 내리면 서로의 등을 적시고
때로는 떨어지고 속상하는 순간에도 아내는 안식처였습니다
둘이 의지하면서 교육동역자로 살아온 바람 같은 세월이었습니다

인생은 한편의 시요 노래였습니다
가파른 언덕을 넘어갈 때마다 한 음절의 가사가 더해졌고
때론 슬픔으로 때로는 기쁨으로 시가 멜로디로 되었습니다
노래의 한 소절로 아내와 아름다운 화음을 이루었습니다

배움은 끝나지 않은 항해였습니다
아이들을 가르치면서 아내 안의 꿈이 자라고
세상을 알게 하려다 아이들에게서 배웠습니다
배움은 가르치면서 같이 성장하고 꿈꾸는 것이었습니다

온 산천에 엷은 물감을 흩뿌리는 봄 하늘 아래서
고요히 사색에 잠긴 아내를 눈길로 어루만집니다

이제, 스며들게 하옵소서!
한 송이 꽃의 진한 향기로
노을 진 하늘의 고운 빛깔로
누군가의 따뜻한 기억으로, 세상 속으로

평생 아이들 등에 싣고 꿈 선장으로 노를 저어온 아내
40년 교육으로 항해한 배의 닻을 장양항구에 내립니다

교육 하나 내려놓고 행복 둘 가져오게, 아내의 큰 꿈을 향한 첫걸음

새로운 길 위에 선 그대에게
—퇴임하는 아내에게 바치는 헌정 시

교육으로 오직 한 길
40년의 바람이 지나갔습니다
그대의 헌신으로 걸어온 발길을 따라
수많은 아이들의 꿈들이 싹트고 자랐습니다

때로는 나무가 되어 그늘을 드리우고
때로는 등불이 되어 어둠을 밝히우며
그대의 손길이 닿은 곳 자리 자리마다
배움이 꽃피고 희망이 풍성하게 열렸습니다

말없이 속울음 삼키는 학교
교장실의 창가에 남겨진 햇살
책상 위에 흐려진 마지막 글씨
모든 것들이 당신을 배웅합니다

아쉬움이 파도치는 오늘
웃음으로 모두와 이별합니다

교단을 떠나 새로운 길 위에 선 그대
하고픈 그림 그리며 자연의 노래를 벗 삼아
더 자유롭고 더 행복한 인생 2막길 걸어가길

그대여!
걸어온 길이 아름다웠듯
걸어갈 길도 향기롭기를
모든 날들이 따스한 노래가 되기를, 두 손 모아

가는 세월 붙들어 놓고

손을 뻗으면 닿을까
강물 위로 저무는 햇살이
물결에 스미며 하루를 접는다

두 손 모아
흐르는 시간을 떠올리듯 퍼 올려 본다
고요한 물결 위에 추억 한 조각을 띄우고
그리움 한 줌, 세월 속에 살며시 풀어 놓는다

시간은 바람처럼 스며들고
이슬처럼 손끝에서 사라진다
붙잡으려 할수록 멀어지는 노을처럼
사랑도, 추억도 물빛으로 퍼져만 간다

이제는
별빛을 엮어 마음에 걸고
그대의 웃음 한 자락을
가슴 깊이 묶어두리라

손끝에서 스러지는 순간들을
마음에 새겨 빛으로 남겨놓고

흘러가는 세월을 품속에 안아
영원의 강물로 흐르게 하리라

다음 생애도 당신이라면

기도로 날 밝혀준 당신은 내 첫 새벽
돋우고 용기 주며 언제나 곁이 되는
내 생애 최고의 선물 늘 힘이 된 그대여

아옹다옹 티격태격 서툰 손 사랑이라
아프게 또 울리며 꽃잎에 상처 냈던
한세월 가슴 아프게 내 어설픈 사랑아

다음 생 하늘 아래 그댈 또 만난다면
넓은 품 나무 되어 그늘로 쉬게 하리
어디든 당신이라면 다시 피고 싶습니다

주의 등에 업히어

내 평생 걸어온 길 주의 등에 업히어
걱정하나 내려놓고 행복 둘 살아온 날
발걸음 인도하시는 주 내 인생의 목자시라

사십 년 오직 한 길 아내사랑 교육앓이
무거운 짐 내려놓고 여호와의 등에 업혀
이제는 화사한 인생 2막 꽃피우게 하소서

서정抒情의
유연화를 품다

김부회
(시인·문학평론가·수필가·칼럼리스트)

서정抒情의 유연화를 품다

김부회

(시인·문학평론가·수필가·칼럼리스트)

1. 들어가며

이종명 시인의 두 번째 시집 원고를 받았다. 영광스럽게도 첫 번째 시집『첫시간 첫마음 첫호흡』을 서평하고 이어서 서평하게 되었다. 첫 번째 시집의 화두는 '첫'이라는 단어다. 대단히 설렐 수 있는 단어를 시집의 근간으로 삼아 주제와 소재를 엮는 시집에서 이종명 시인의 품성과 캐릭터, 살아온 길의 자취와 궤적에 대해 꼼꼼하게 알게 되었으며 존경하게 되었다. 한 길, 혹은 외길을 걷는다는 것은 절대 쉬운 일이 아니다. 중간에 많은 유혹이 있으며 흔들림도 반드시 존재한다. 회의도 있을 것이며 후회도 있을 것이며 반성도 있을 것이다. 그 모든 것 앞에서 군건하게 자신을 이겨내고 지킨 것에 대한 보상이 어쩌면 '시집'이라는 생각이 든다. 그러다 문득, 두 번째 시집을 출간한다는 전언을 듣고 과연 어떤 화두를 기반으로 시집을 출간할까 궁금해하다 원고를 받았다.

'안온安穩'이라는 단어는 이종명 시인의 두 번째 시집의 화두다. 쉬운 말로 평화롭다는 말이다. 또한 일상이 일상적이라는 말이다. 특별한 변화나 흔들림 없이 자신의 길을 걷는다는 말이다. 영어의 주석을 보면 조용하고 편안하다. Quiet, Peace라고 나와 있다. 인생이라는 갈림길을 오래 걸어온 사람은 안다. 조용하고 평화롭다는 말의 의미와 그 단어가 내포하고 있는 실천에 대한 깊은 수행과 같은 험난한 여정에 대하여 고개를 끄덕이게 된다. 마치 '공기'라는 말이 평상시엔 별 감흥 없다 어느 날 필요할 때 가장 소중한 단어라는 것을 깨닫는 것과 같은 이치다.

현대시는 많은 의미와 복잡한 구성을 내포하고 있다. 행과 연에서 중첩되거나 복선을 깔아 둔 듯한 시적 전개는 AI 시대로의 접근에는 적합한 것으로 보이지만 시에서 쉼을 얻고자 하는 대중의 독자들에게는 더 많은 해석과 더 큰 사색의 깊이를 요구하게 만든다. 급기야 Hyper 개념의 시와 다중 문체의 구성은 독자와 시인의 거리를 멀고 어색하게 만든 이유라고 생각된다. 이러한 현대시의 전개와 진화는 시문학의 발전이라는 측면에서 효과적일 수 있지만 '대중성'이라는 시의 본질에서는 가장 큰 단점으로 자리매김하는 것도 사실이다. 시문학은 어느 계층만을 위한 것이 아니다. 필자는 필자의 평론서에서 대중과 소통하는 시에 대한 이론을 피력한 적이 있다. 몇 부분 인용해본다.

시의 대중성 혹은 대중화를 논할 때 가장 먼저 두어야 할 가치 기준은 관점에 따라 많이 다를 것이다. 일반적인 서정론에 입각한 서정시, 생활에서 체득한 산물 생활 시, 역사에서 씨앗을 구한 역사시 등등의 개인적 가치 기준에 따라 다른 것은 자명한 사실이다. 하지만 통칭해서 공통분모를 구해 본다면 한마디로 요약, 정리할 수 있을 것이다. "쉬운 시"라는 것이다. 쉽다는 말은 결코 쉽다는 말이 아니라는 것을 쉬운 시에서 종종 발견하곤 한다. 시가 함의하는 의미의 내포가 큰 시, 쉬운 시가 쉽지 않다는 말의 반증이라는 것이다. 쉬운 시라는 것은 눈에서 쉽게 보이거나 멜랑꼴리 Melanchory 한 문장 일부가 가슴에 와 닿는 순간 느끼는 감정의 전이 혹은 변이와는 별개의 의미라는 생각이다. 일상어로 쓰인 짧은 한 문장이라도 삶에서 우려낸 진정한 성찰이 담겨 있어야 하며 시의 진정성이 두고두고 반추되며 반추가 다시 나름의 의미로 재해석되어 미래의 삶을 지향하는 지향점이 된다면 더없이 좋을 것이며, 그런 시에서는 오래 우린 시향이 가득 넘칠 것이다. 필자는 지속해서 소통의 중요성에 대해 언급하고 주장해왔다. 보통의 독자에게 읽히지 않는 시가 어떻게 감동을 줄 수 있으며 감동이 없기에 시적 질감이나 시적 의미에 대해 확대 재생산할 수 있는 근거가 부족하기에 잠시 눈요기에 불과할 수도 있을 것이다. 물론 모두 그렇다는 위

험한 논리는 배제하고 싶다. 깊은 성찰과 참회의 시간이 녹여지고 우려낸 작품이지만 아쉽게도 읽는 독자의 혜안이 부족하여 글의 배후를 전혀 종잡을 수 없는 좋은 작품도 대단히 많다. 시인을 위한, 시인만이 읽는 시도 많다.

—『보통의 독자들이 선호하는 시의 경향에 대한 소고小考- 김부회 평론』부분

소통이 안 되는 시는 불편하다. 사전을 찾아가며 시를 읽는다는 것도 불편한 일이다. 너무 깊은 사색을 요구하거나 강요하는 듯한 시는 시 전문가를 위한 작품 같아 때론 낯설다. 중요한 것은 어려운 것을 쉽게 표현하는 것이다. 쉬운 것을 어렵게 표현하는 것은 상당히 부담스러운 일이다. 정작 독자들이 선호하는 작품을 한마디로 요약하면 '맑은 작품'이다. 미사여구나 비틀린 문장으로 범벅이 된 시를 읽다 보면 내게서 시가 멀어진다. 이종명 시인이 이 시집에서 화두로 정한 '안온'은 한국 서정시를 근간으로 마음의 평화를 담담하게 이야기하고 있다. 아이들의 눈높이에서 본 풍경과 생각, 그 온유하고 순수한 마음의 정수리에서 맑은 샘물을 길어내듯, 그 물을 나뭇잎 띄워 한 잔 나누어 마시는 것과 같은 정갈한 약숫물의 교환이다. 심상心象이라는 말이 있다. 아무 계산 없이 마음속에서 떠오르는 영상을 말한다. 문학에서 중요한 것은 심상

이다. 시 작품을 읽고 아무 계산 없이 풍경이 그려지고 그려진 풍경에 나의 유년이 생각나거나 내 삶의 어느 장면이 생각나거나 하는 것을 우리는 소통이라고 말한다. 소통이 좀 더 진화하면 시인이 이끄는 삶의 풍경들이 내 지각知覺을 작용하여 하나의 감동이 되고, 슬픔이 되고, 그리움이 된다면 그것으로 시는 자기 역할을 다한 것이다.

이종명 시인의 두 번째 시집『아내의 계절』속엔 시 41편과 동시 14편, 시조 7편이 수록되어 있다. 동시는 동시대로, 시는 시대로, 시조는 시조대로 나름의 시적 질감을 갖고 있다. 살면서 체득한 감정과 깊이가 각각에 맞는 눈높이를 기준으로 성의 있게 갈무리한 작품들이다. 시집을 읽다 보면 사람과 사람의 서사가 있고, 교육 현장에서 얻은 아이들의 감정이 깃들어 있다. 그 모든 것을 배려하여 62년을 살아온 사람의 눈으로 본 세상이 존재한다. 그 세상은 이종명 시인의 교육이라는 외길에서 얻어진 지혜이며, '그도 사람일 수 있다'는 삶의 현장이 숨어 있다. 어쩌면 시인은 넘쳐나는 현대시의 홍수 속에서 현대시단에게 자신의 눈으로 본 세상을 전하고 싶은 것이라는 생각이 든다. 이 시집 서평의 소제목으로 정한『서정의 유연화를 품다』가 바로 그것이다. 거창한 논리의 제공이나 논문을 통한 제언이 아닌 자신의 작품으로 서정에 근간한 정갈한 눈높이를 보여주는 것이 이 시집의 사명이라는 생각이 든다. 비틀린 문장의 조합이 아닌 가능한 쉬운 문장으로, 시인의 투명한 눈으로 바라본 세상의 밝은 부분을 독자에게 제언하여 효과적인 레트로를 불러일으키는 것이다. 지적인 부분보다 감성적인 부분, 지식보다는 지혜를 글로 형상화하여 독자에게 안온安穩의 시간을 공유하게 만드는 것이 이종명 시인의 두 번째 시집의 논조라고 보면 될 것이다. 마음의 평화는 복잡한 것에서 얻어지는 것이 아니다. 안온은 온유하며 평화로운 것이다. 마치 오후 한때 달디단 낮잠과 같은. 시는 다면적이다. 보고 싶은 대로 보는 것이 세상이다. 유년의 나로 돌아가 보고 싶거나, 어머니가 그립거나, 아내에게 감사하고 싶거나, 주변과 이웃의 이야기가 궁금하다면 이종명 시인의 두 번째 시집『아내의 계절』을 권하고 싶다. 충분한 휴식과 넘칠 것 같은 향수와 보통 사람의 삶을 경험하게 될 것이다. 어쩌면 그것이 시라는 문학 장르의 선행지표라는 생각이 든다.

첨언한다면 이 시집은 시인의 말처럼 시인의 아내에게 삶의 동반자가 되어 헌신해 준 것에 감사의 마음이 잘 표현되어 있다. 시인의 아내는 1988년 처음으로 강원특별자치도 도계의 동덕초로 첫 발령을 받아 40년간 교육현장에서 헌신을 다한 분이다. 그런 아내에 대한 시인의 찬사한 귀퉁이를 인용해 본다.

평생을 꿈지기, 꿈전도사로 교육자로 올곧게 살아온 아내가 한없이 자랑스럽습니다.

—시인의 말 부분 인용

아내를 동반자로 인정하고 한없이 자랑스럽다는 말로 자신을 낮추기란 그대로 매우 어려운 일이다. 이 한 줄의 행간이 이종명 시인의 품성과 인격을 정확하게 표현한다. 이 시집을 출간하게 된 동기가 '헌신한 아내에게 바친다'라는 말을 한다. 시집 한 권은 아무것도 아닐 수 있지만 깊이 생각해 보면 자신의 평생 기록이며 고백이며 참회록과 같은 것이다. 두 번째 시집『아내의 계절』엔 모두 62편이 수록되어 있다. 62편이 이종명 시인의 평생을 대변할 수는 없다. 하지만 외길을 살아온 시인의 인생 편람에 근거하여 추정해 보면 평생이 다 들어있다고 해도 과언이 아닐 것이다. 지식이나 이론이나 지혜는 말로 설명할 때 오히려 부족할 수 있다. 실천으로 보여줄 때 그것이 진정한 가르침의 소산이라는 것을 시집이 말하고 있다.

시인은 교훈이나 교육이라는 것을 염두에 두고 시집을 출간하지 않았다. 다만, 읽는 우리가 그가 살아온 삶의 자취들을 보며 공감하고 울림에 반응하며 내 살아온 것을 되돌아보는 것에서 교육이며 교훈이라고 느끼게 되는 것이다. 시는 그런 것이다. 대단한 철학적 발견도 좋고, 무게 깊은 심성의 성찰에서 얻어지는 혜안도 좋고, 세련된 문장의 행간 어딘가에서 새롭고 참신한 글을 발견하는 것도 좋다. 하지만 정작 중요한 것은 '배움'이다. 수학, 영어가 아닌 우리말로 된 우리네 사는 모습의 단편들 속에서 오늘을 사는 나를 반성하는 것이 목표가 되면 되는 것이다. 시는 일정한 규칙을 가진 문장이며 시의 Tool은 비유, 은유, 환유, 함축 등이 있지만 정작 시는 '글자'다. 글자는 말이며, 말은 진심일 때 가장 말다운 말이 되는 법이다. 시는 언술言述이 아니다. 그래서 진정성이 가장 시의 핵심 요소라고 말할 수 있다. 시를 평가하기 이전에 시를 쓴 시인의 마음과 동화되는 것이 우선해야 한다. 언술로 서평 하는 것은 타당하지 않은 일이다. 시인과 동화되어 시인의 족적을 밟으며 시인이 되어보는 일, 그것이 시집을 읽는 가장 튼실한 목표가 되어야 한다. 시가 아름다운 시문이 되는 것은 글이 아닌, 마음으로 쓰고 읽기 때문이다.

2. 들여다보기

두 번째 시집, 『아내의 계절』은 현대시, 서정의 유연화를 잘 보여주는 작품이다. 이종명 시인의 눈으로 본 풍경과 이에 대한 느낌을 가득 담은 시 몇 편을 살펴본다.

처음 학교 가는 날
설렘이 톡, 피어나요

가슴이 두근콩닥
꿈을 담고 용기 한 줌 더해서
신나게 학교로 달려가요

첫걸음 내딛는 오늘
너는 참으로 자랑스러워
배움의 뜨락에서 지혜안고 자라나세요

틀려도 괜찮아
실수해도 괜찮아
너무 부끄러워하지 마

친구들이 웃음으로 응원하고
선생님이 가르쳐 주실 테니까

한 걸음씩 내디딜 때마다
키도 마음도 꿈도 쑥쑥
내 안의 빛나는 미래가 자라나요

―『첫걸음』 전문

　학교에 처음 등교하는 날의 아이 혹은 등교할 아이들을
기다리는 선생님의 모습이 보인다. 누구의 입장이든 첫 등
교는 설레는 일이며 무엇을 어떻게 가르칠지에 대한 고민
도 함께하는 시간일 것이다. 교육은 백년지대계라는 말처
럼 삶의 인격 형성과 사회생활을 다지기 위한 가장 기초
적인 소양을 쌓는 일이다. 틀려도, 실수해도, 괜찮다는 말

을 해야 한다. 아니 그렇게 받아들여야 한다. 실수를 하고 틀리기도 하기에 첫 등교가 되고 첫걸음이 되는 것이다. 가르친다는 것은 기준점을 말하는 것이 아니라 보여주는 것이며 생각하는 것이며 그 생각을 실천하는 것이다. 학교가 배움의 뜨락이 되어야 하며, 놀이동산이 되어야 하며 휴식처가 되어야 한다.

그렇게 배운 아이들은 또 그렇게 자란다. 중요한 것은 선생님이다. 선생님이 먼저 아이가 되어야 한다. 눈높이가 맞아야 또래라고 인정할 것이며 친구가 될 것이다. 가르치는 것보다 배우는 것이 우선이다. 학생은 선생님에게, 선생님은 학생에게 서로 배우고 가르치고 나눌 때 참교육의 현장이 만들어질 것이다. 본문의 말처럼 "내 안의 미래가 자라나요"가 필요한 시대다. 국어, 수학, 역사 등을 배우는 것도 중요하지만 더불어 사는 방법, 풍경을 보는 방법, 상대를 인정하는 방법 등을 차곡차곡 배우면 그 품성이 어른이 되어서도 곧고 올바른 인격이 될 것이다. 우린 그것을 '꽃피우기'라고 명명하고 산다.

연지곤지 꽃단장
색동옷 저고리
스무 살 새색시

쪽빛 물감
곱디곱게 수놓아

초록 세상 재촉하고

몽울몽울
터질 듯 꽃봉오리
뽀하얀 속살 내보인다

봄 젖은
온 산천 아롱다롱
꽃물결 일렁일렁

그대
손길 닿은 곳마다
설렘 가득

늘 쉼 주는 내 둥지
수줍은 아내와 손잡고
사뿐사뿐 내게로 오는 봄

—『또다시 봄』전문

　의성어와 의태어를 적절하게 사용하여 봄의 향연을 맛깔나게 표현했다. 아니 표현이라기보다는 시인의 마음속에 봄이 그렇게 들어왔을 것이다. 작년에도 봄은 왔을 것이고, 재작년에도 봄은 왔을 것이고, 내년에도 봄은 올 것이다. 하지만 오늘, 지금 이 봄은 마치 스무 살 새색시같이 왔다. 봄은 수줍은 새색시이며 동시에 스무 살 아내의 모습일 것이다. "늘 쉼을 주는 내 둥지"라는 행간에서 말갛게 헹군 봄의 향취가 우러나온다. 풋풋하지만 사랑스러운 아내를 봄에 빗대 말하는 시인의 심성은 이미 봄이다. 시인의 아내가 만들어 놓은 봄은 아롱다롱하며 일렁일렁하고 몽울몽울하다. 봄을 보고 아내를 느끼는, 아내를 닮은 봄을 보고 봄을 느끼는 시인의 심상이 싱그럽다.

5월 하늘길 따라
곱들락 마음 제주 품에

놀멍 쉬멍 꿈꿀멍

아곱다
꼬닥꼬닥 한라산 걸으멍 숨 쉬는 천지연 폭포
가슴 적시는 중문바다 생각대로 거문 오름
마음 붉게 물들이는 협재 해변 저녁노을

은빛가루 뿌려진 우도 밤하늘
동트는 웃음 머금은 촛대바위 일출
세상 연연 내려놓고 비우는 길로 달린다

말 타고 절경 안고 걷고 날으며

오롯이 나를 마주한 숨길 트이는
웃고 쉬는 영혼에 초록빛 색을 입힌다

내가 꿈꾼 건 나를 쉬게 한 건
하늘과 바다가 사랑한 제주 탓

또 옵서 재기 옵서 또 가고 시퍼

―『놀멍 쉬멍 꿈꿀멍』 전문

　제주도 여행길에 만든 작품이다. 주석에 나온 대로 제
주방언을 활용하여 만든 작품이라 그런지 제주의 향취가
물씬 나오는 시에서 제주의 숨결을 느낄 수 있다. 필자도
언제가 가 본 중문 단지와 협재 해변 등등의 풍경이 머릿
스친다. '멍'이라는 단어에 꿈꿀 멍이라는 시제를 붙인 것
이 매우 흥미롭다. 요즘은 '멍'을 하나의 상품화하여 각
종 '멍'과 관련한 축제가 한창이다. 생각 없이 멍하니 바
라보는 것. 생각만 해도 매력적이다. 평시에 보던 산과 숲
과 바다를 그저 풍경에 도취해 바라볼 수 있다면 그것은
마음의 해탈이요 행복의 조건반사다. 본문에 "내가 꿈꾼
건 나를 쉬게 한 건/ 하늘과 바다가 사랑한 제주 탓"이라
는 행간이 나를 헹군다. 쉽은 말 그대로 쉼이다. 재충전하
는 것이며 지친 육체를 정갈하게 누이고 나를 나의 자리
에 갖다 놓는 것이다. 정치, 경제, 사회, 일, 조직, 관계 등

등의 일상적인 신경 쓰는 일에서 온전하게 자유인이 되는 나를 만드는 일. 그것이 쉼의 목표이며 쉼의 가치다. 시인 이 본 대로 이끄는 대로 작품의 행간대로 따라가다 보면 나 역시 자연의 일부분이며 제주의 일부분이 된 듯한 느 낌을 갖게 된다. 자연의 푸른빛에 동화된 내가 다시 자연 에게 초록을 입히는 일은 상호부조이며 교감이다.

　말 타고 절경안고 걷고 날으며
　오롯이 나를 마주한 숨길 트이는
　웃고 쉬는 영혼에 초록빛 색을 입힌다

　─『놀멍 쉬멍 꿈꿀멍』 부분

"웃고 쉬는 영혼"이라는 말이 다가온다. 언제 정말 웃고 쉬고, 웃고 쉬는 영혼에 초록색 옷을 입힌 적이 있는지 기억 조차 아득하다. 제주방언 그대로 "또 옵서 재기 옵서 또 가 고 시퍼"라는 말을 복사하고 실천하고 싶다. 제주를 보고 즐거워하는 시인의 가슴속 동심의 세계와 같은 순수한 영혼 을 닮고 싶다. 산다는 것은 이런 작은 일에서 행복을 느낀다 는 것에 묘미가 있다. 대궐 같은 집이 아니라, 벤츠가 아니라 지금 내 눈앞에 펼쳐진 소박하고 질박한 풍경의 어디쯤에서 내가 살아있음을 느낄 때 가장 행복하다는 것이 진리일 텐 데 가끔은 잊고 산다는 것이 못내 나를 슬프게 한다.

61년 쉼 없이 달려온
교육 사랑 가족 인생 신앙을 버무려
색칠한 첫 시집을 빚었습니다

아이들 꿈키우는 꿈지기로
아내와 둘이서 사랑을 노래하며
소가 된 아버지의 아픈 사계四季에 울고
삶의 뜨락 다가온 고운인연 어우러져
기도로 종노릇 하는 인생, 시로 버무렸습니다

내 삶속으로 걸어와
함박웃음 웃게 하는 당신께
가슴에 묻혀있는 인생의 실타래를 펼칩니다

님이시여!
인생 이야기 담긴 77편의 시와 시조 동시
부끄러이 발가벗기니 안온安穩으로 옷입히소서
당신은 내 인생의 함박꽃 향기 나는 시입니다

—『안온安穩으로 옷입히소서』전문

62년을 교육자로 살아온 시인의 고백이다. 이종명 시인
의 교육에 대한 가치관과 삶의 궤적을 어떠한 수사나 비
틀린 문장 없이 말갛게 헹군 공기를 마시는 느낌이다. 자

신에 대한 성찰이며 삶의 가치 기준에 대한 기준점이며 그리움을 그립다고 말하는 보통 사람의 심정을 보통 사람의 눈으로 말하는 작품이다. 필자는 이전에 어느 저서에서 '어머니'라는 단어는 그 단어 하나로도 시가 된다는 말을 했다. 그 앞, 뒤에 무슨 수식어가 필요할 것이며 어떤 수식어라도 어머니라는 단어 앞에서 어머니를 희석하기만 할 뿐 도움이 되지 않을 수도 있을 것이다.

본문의 말처럼 이종명 시인은 자신의 삶을 '부끄러이 발가벗기니'라는 말로 고백했다. 주변에게, 이웃에게, 아내에게, 자신에게 한없이 부끄러운 자신을 솔직하고 담백하게 표현했다. 어쩌면 이것이 시의 본질이라는 생각이 든다. 목욕탕에 가면 모두 같은 사람들이다. 사장님인지, 자영업자인지, 목수인지, 교장 선생님인지, 몇백억을 가진 재벌인지 알 수 없다. 그저 발가벗은 우리다. 자연인으로 살아가는 우리네 모습이 좀 더 솔깃하게 다가온다. 정情의 근본이 그것이다. 소가 된 아버지의 슬픔을 느끼는 것과, 인생이야기 77편을 시집으로 만드는 것과 그렇게 시집을 만들어준 주변의 모든 분에게 감사한 마음을 갖는다는 것, 그것이 이종명 시인이 첫 시집을 출간하면서 느낀 진솔한 감정이라는 것에서 삶을 배운다. 이 시집의 소제목인 서정의 유연화에 잘 어울리는 시문학에 대한 마음가짐이라는 생각이 든다. 다음에 소개할 작품은 '아내'에 대한 시인의 마음이면서 우리 모두가 배워야 할 아내에 대한 마음가짐을 잘 표현한 작품이다.

풋풋하고
청초롭구나

순백의 터질 듯 말 듯
마음속 한들한들 피는 꽃

라일락꽃보다
더 짙고 은은한 향기

시간을 담고
세월을 곰삭여
가슴으로만 피우는 꽃
아내꽃을 알고부터는
다른 꽃 이름은 모두 잊어버렸네

발그레 미소 머금고
땀 눈물 침묵 버무려
그윽이 아내꽃 피다

마음이 동動하다
내 사랑이라는 꽃

─『아내꽃』 전문

아내꽃이라는 신조어를 만들었다. 찬미의 극치다. 그 꽃
은 청초하며 순백이며 가슴으로만 피는 꽃이다. 그 가슴
은 시간을 담고 세월을 곰삭혔다. 그랬기에 늘 같은 향기
와 같은 모습으로 같은 자리에 피는 것이다. 마치 자연의
순환이라는 섭리와 같은 모습을 하고 있는 아내꽃.

아내꽃을 알고부터는
다른 꽃 이름은 모두 잊어버렸네

─『아내꽃』 부분

다른 모든 꽃의 이름은 잊어버렸다고 한다. 필자로서는
감히 상상할 수 없는 마음이다. 지고지순이라는 말이 있
다. 마치 그 말의 한국어 사전을 펼쳐보는 듯한 느낌이 든
다. 꽃은 미모로 보는 것이 아니다. 꽃은 향기로 맡는 것이
아니다. 꽃은 꽃으로 보는 것이 가장 꽃답게 보는 것이다.
김춘수 시인의 말처럼 내가 네 이름을 불러주었을 때 너는
내게로 와서 꽃이 되었다는 말처럼 아내를 꽃이라 부르는
시인으로 인해 아내는 꽃이 되었다. 우리들은 모두 무엇이
되고 싶다. 너는 나에게, 나는 너에게 하나의 몸짓이 되고
싶다. 의미가 되어주는 것이다. 나는 당신의 운명에, 당신
은 나의 운명에 하나의 의미가 되어주는 것이다. 부부는.

다음에 소개할 작품은 시인의 어머님에 대한 자식의 마음을 엿보고 싶어 선택한 작품이다.

별빛도 시린
섣달그믐 더딘 밤

고향집
홀로 외로이

잠은 오지 않고
온몸 쑤시고 아파
졸고 있는 달을 깨워

두 다리 끌고
네 다리로 기어서

하얀 달빛 스며드는 작은 방
낡은 성경책 찬송가 한 권
헐떡이는 숨을 달래가며

엄마 홀로 두었다고 마음 다칠까
엄마 걱정에 가슴 아파하지는 않을까
자식들 이름 부르며 기도로 눈물 얼룩져

가슴에 멍울진 그리움 안은 채
등에 자식 업고 평생 살아가는

어머니,
죄스러운 마음으로
당신을 불러봅니다

나보다 더 나를 사랑하는 어머니

―『어머니 생각』 전문

　효자의 개념이 많이 희석된 요즘이지만 마음만이라도
어머니를 그리워하고 생각하며 반성하는 것이 가장 근본
일 것이다. 그때는 몰랐다. 시간이 지나 내가 어른이 되고
아버지가 되고, 할아버지가 되면 저절로 알게 된다. 어머
니가 어떻게 살아왔는지, 어떤 생각으로 사셨는지, 왜 고
등어 반찬을 입에도 대지 않으셨는지, 왜 눈물 한 번 보이
지 않으셨는지, 왜 그렇게 찬송가를 부르셨는지, 보이지
않는 곳에서 그렇게 기도를 하셨는지 알게 된다.
　류시화 시인의 말처럼 지금 알고 있는 것을 그때 알았더
라면 이라는 말이 유독 가슴을 아릿하게 만든다. 세월의
변곡점을 지나야 비로소 알게 되는 어머니의 가슴속 못다
내보인 말들, 시인은 그런 자책을 한다. "나보다 더 나를

사랑하는 어머니"라는 표현에서 시인의 어머니가 어떤 분
이라는 것을 알게 된다. 죄스럽다. 바른 말이다. 누군들 죄
스럽지 않은 사람이 있을까. 아무리 죄스러워도 죄스럽다.
교언영색이나 화려한 수사가 없기에 더욱 이 작품이 눈에
들어온다. 작은방의 낡은 성경책 한 권이 눈에 선하다. 졸
고 있는 딸을 깨워 눈물 얼룩진 얼굴로 기도하는 어머님
의 모습이 이 시대가 진정 바라는 참 어머니의 모습인데
지금은 종적이 묘연한 듯하게 느껴진다. 죄스럽다.

　다음에 소개할 작품은 유년의 나를 되돌아보게 만드는
작품이다. 아이의 눈높이에서 아이의 마음으로 아이가 된
선생님의 모습이 눈에 선하게 다가온다. 어쩌면 이런 것이
선한 영향력의 범주 안에 들어가는 좋은 시라는 생각이
든다.

　웃음소리 가득한 등굣길

　채희랑 태현이랑
　늘 함께 학교 오는 짝꿍
　하하 호호, 깔깔 깔깔

　오늘도 사이좋게 같이 오네
　아니에요, 오다가 만났어요
　재랑 나랑 남친 여친 따로 있어요

고무줄 끊고
머리카락 잡아당기며
놀리고 울리고 토라지게 하던
서툰 장난 속에 숨겼던 속마음

그 시절의 나도 저 아이들처럼
서로를 비밀스럽게 마음에 새기며
언젠가 문득 떠오를 추억을 쌓아가고 있었겠지

50년 전, 초등학교 짝꿍이 생각나는 아침

—『짝꿍』 전문

짝꿍이라는 말, 오랜만에 들어보는 말이다. 정겨운 말이며 친구가 생각나는 말이다. 위에서 언급한 '어머니'라는 단어와 비슷한 개념이다. 국어사전에 단짝을 다정스럽게 이르는 말이라고 나와 있다. 채희와 태현이는 모르는 친구들이지만 내 유년의 어딘가에 숨어 있는 이름이기도 하다. "쟤랑 나랑 남친 여친 따로 있어요."라는 말속에서 요즘 세태가 느껴지기도 하지만 재치 있는 아이들이라는 생각도 든다. 시인은 그 포인트를 정확하게 짚어 작품을 만들었다. "고무줄 끊고/ 머리카락 잡아당기며/ 놀리고 울리고 토라지게 하던/ 서툰 장난 속에 숨겼던 속마음" 여기서 중요한 것은 '속마음'이다. 어린 시절이라 개구진 장난들이 난무하지만 친구에 대한 정이 가득 담겨있다. 고무줄도 끊고 머리도 잡아당기지만 그것이 괴롭히기 위한 수단이 아니라 좀 더 친하다는 말의 반증이라는 것을 알 수 있다.

교육이 많이 무너진 시대라고 한다. 교권도 무너지고 아이들도 무너지는 시대. 어쩌면 어른들이 그렇게 만든 것은 아닌지 하는 생각이 든다. 좋게 봐주고 좋게 생각하고 좋은 쪽에서 결론을 내줘야 하는데 어른의 일방적인 눈으로 재단하고 판단하여 쉽게 결론을 내리고 징계하는 것은 아닌지? 깊이 생각해 볼 문제다. 본문의 말처럼 그 시절의 나도 저 아이들처럼 아무것도 아닌 것을 비밀이라 간주하고 새기며 살아왔고 추억하고 있다. 이 시대에 짝꿍이라는 말을 쓸 수 있는 경우가 얼마나 있는지 반성하게 된다. 시인의 순화된 문장 속에서 반성과 성찰의 단초를 얻은 것이 수확이며 이 시집의 장점이다.

다음은 이종명 시인의 삶의 궤적에 대한 소박한 반성을 잠시 들여다본다.

지우개로
교육을 지우고 싶다
40년 꿈지기로 살아오며
아이들 꿈 키운다고 외치다

꿈 상처 나게 하지는 않았는지
교육 다 내려놓고

지우개로
인생을 지우고 싶다
슬픔과 수고뿐인 인생
천년을 살듯 백년도 살지 못하는
남위에 서려고 아등바등 전쟁처럼 살아온
인생 다 내려놓고

지우개로
나를 지우고 싶다
오만과 아집으로 가득 차
앞만 바라보고 나만을 위해 산
가족 살피지 못하여 눈물 흘리게 한
나를 다 내려놓고

쓱쓱 싹싹 지우개로 다 지우고 싶습니다

―『지우개』 전문

　자신의 교육자 인생을 돌아보며 지우개로 다 지우고 싶
다고 한다. 누군들 자신의 인생을 지우고 싶지 않은 사람
이 있을까? 모두 같은 마음일 것이다. 하물며 필자의 눈에

는 참된 교육자로 살아온 이종명 시인이 자신의 삶에 대해 그런 생각을 한다는 것이 못내 나를 반성하게 만든다. 지우개로 지우고 싶은 이유가 시 한 편이다.

아이들 꿈 키운다고 외치다
꿈 상처 나게 하지는 않았는지

남위에 서려고 아등바등 전쟁처럼 살아온
인생 다 내려놓고

나만을 위해 산
가족 살피지 못하여 눈물 흘리게 한
나를 다 내려놓고

─『지우개』 부분

몇 부분을 다시 인용해 본다. 아이들 꿈에 상처를 내지는 않았는지. 아등바등 전쟁처럼 살아온 삶, 가족을 제대로 살피지 못한 삶, 이 모든 이유가 울림이 되고 공감이 된다. 필자 역시 같은 마음이다. 이 시를 읽는 독자 모두 같은 마음일 것이다. 세상에 완전한 것은 없다. 완벽한 것은 없다. 나는 정말로 하자 없이 잘 살아왔다고 자부할 사람이 누가 있는가? 시인은 모든 잘못의 근원을 자신에게서 찾고 있다. 타인의 허물 때문이 아니라 자신의 처세와 처신에 대해 진솔하게 반성하고 있다. 이것보다 훌륭한 시가 어디 있을까? 이런 고백과 성찰 앞에서 부끄럽지 않은 사람이 어디 있을까?

시가 그렇다. 나부터 감동하고 나부터 반성하고 나부터 성찰하고 나서 비로소 글로 세상에 나올 때 좋은 시가 되는 것이다. 무슨 말인지도 모를 문장을 나열하고 현미경으로 보듯 세밀하게 묘사한들 감동과 울림이 없다면 그 시는 '그들만의 리그'에 적합한 시가 될 뿐이다. 보통의 독자들이 선호하는 시의 경향이 될 수 없는 것이다. 시는 지식이나 지혜의 자랑이 아니다. 시는 온전한 내 마음의 표현이다. 정직한 이야기 속에 정직한 삶이 있는 법이며 정직이라는 것이 사회의 기본 규칙과 규범이 되어야 바른 사회가 될 것이다. 이종명 시인은 그것을 말하고 있다. 꾸밈음이나 장식음이 아닌, 가장 쉬운 말과 문장으로 누구나 알 수 있게 울림을 주고 있다. 서정을 유연화한다면 아마 이런 방식으로 해야 가장 정답일 것이다.

3. 맺으며

세상에 좋은 시는 무수하게 많다. 한 달에도 몇천 편의 작품이 문예지나 시집 등을 통해 쏟아져 나온다. 하지만 정작 좋은 시라고 하는 좋은 시의 개념에 맞는 작품은 그렇게 많지 않다. 좋은 시는 객관의 개념도 있지만 주관의 개념도 혼재한 말이다. 정확하게 말하면 나에게 맞는 작품, 내 몸에 맞는 작품, 내 취향에 맞는 작품, 내가 감동할 수 있는 작품, 한 번 더 읽고 싶은 작품 등등이 좋은 시라고 말하고 싶다. 너무 문장에 치중하거나, 표현의 기술에 치중하거나 기술적 영역을 중시하거나 하는 것이 아닌, 때가 묻으면 묻은 대로, 젖으면 젖은 대로, 아프면 아픈 대로, 부끄러우면 부끄러운 대로, 담담하게 자신의 속을 꺼내 보이는 것이다. 그것은 절대 평가의 기준이 되면 안 된다. 그것은 잣대를 들이밀면 안 된다. 글자 그대로 마음을 따라 읽는 것이다.

이종명 시인의 두 번째 시집 『아내의 계절』이 그런 시집이다. 이 더위의 끝자락에서 그의 시집을 만나보자. 그 속엔 아이들이 있고, 교육이 있고, 마음이 있고, 어머니가 있고, 시인의 아내가 있다. 흥미로운 일이며 설레는 일이다. 일체유심조라는 말이 있다. 모든 것은 생각하기 나름이라는 말이다. 색즉시공이나 공즉시색이나 모두 시선의 차이다. 우선순위에 어떤 것을 두느냐에 따라 세상은 완전히 달라지는 것이다. 필자가 이 서평에서 말하고 싶은 핵심이다.

두 번째 시집 『아내의 계절』이 널리 사랑받는 시집이 되길 문학의 길을 같이 걷는 도반으로 진심 바라며 시 한 편을 소개한다. 아내에게 바치는 시라고 하지만 '아내'의 자리에 독자를 놓고 치환해도 좋을, 이종명 시인이 자신과 우리에게 하는 반성이며 성찰이며 기원일 것이다. 더운 여름날 청명한 샘물 길어 지친 목을 축이는 심정으로 이종명 시인의 두 번째 시집 『아내의 계절』의 일독을 권한다. 심장이 맑아질 것이다.

수줍게 피어나는 봄
새벽을 여는 당신의 기도는
내 마음에 첫 움을 틔웠습니다

푸르른 설렘 짙어지는 여름
바다보다 깊은 당신의 손길은
지친 하루의 햇살을 식혀줍니다

속삭임으로 붉게 물든 가을날
노을보다 따뜻한 품속은
내 영혼의 아픔을 감싸줍니다

그리움 하얗게 쌓이는 겨울
눈송이보다 부드러운 당신의 미소는
화롯불처럼 피어나 추위를 녹여줍니다

이제야 알았습니다
봄여름도 가을 겨울도
아내의 계절에 닿기 위한 길목이었다는 것을

내 모든 날들은 당신에게 물드는

안온安穩이라는 아내의 계절에 평생 머뭅니다

—『아내의 계절』전문